PODEMOS ENTENDER SINAIS

3º ANO
PROFESSOR

MARIA INÊS CARNIATO

PODEMOS ENTENDER SINAIS

3º ANO
PROFESSOR

EDIÇÃO REVISTA E AMPLIADA

Dados Internacionais de Catalogação na Publicação (CIP)
(Câmara Brasileira do Livro, SP, Brasil)

Carniato, Maria Inês
   Podemos entender sinais : 3º ano : professor / Maria Inês Carniato ; ilustrações Soares. – rev. e ampl. – São Paulo : Paulinas, 2010. – (Coleção ensino religioso fundamental)

   ISBN 978-85-356-0997-4

   1. Educação religiosa (Ensino fundamental) I. Soares II. Título. III. Série.

10-00227   CDD-372.84

Índice para catálogo sistemático:
1. Educação religiosa : Ensino fundamental   372.84

1ª edição revista e ampliada – 2010
1ª reimpressão – 2018

Direção-geral: Flávia Reginatto

Editora responsável: Luzia M. de Oliveira Sena

Assistente de edição: Andréia Schweitzer

Copidesque: Maria Goretti de Oliveira

Coordenação de revisão: Marina Mendonça

Revisão: Ruth Mitzuie Kluska

Direção de arte: Irma Cipriani

Ilustrações: Soares

Gerente de produção: Felício Calegaro Neto

Projeto gráfico: Telma Custódio

Paulinas
Rua Dona Inácia Uchoa, 62
04110-020 – São Paulo – SP (Brasil)
Tel.: (11) 2125-3500
http://www.paulinas.org.br – editora@paulinas.com.br
Telemarketing e SAC: 0800-7010081
© Pia Sociedade Filhas de São Paulo – São Paulo, 2002

Convite a quem ama a educação

Você, professora/professor, que dedica suas energias, conhecimentos e tempo à grandiosa profissão de educar crianças, com certeza deseja o melhor para elas.

A escola forma o ser humano como cidadão consciente, participante e responsável, mas também como pessoa única, situada no mistério da abertura à transcendência, que se manifesta nos sinais do sagrado presentes na diversidade cultural e religiosa.

O componente curricular Ensino Religioso não é proposta de fé, mas, sim, conhecimento e apropriação de novos saberes acerca de dados reais presentes na sociedade. Proporciona a derrubada de preconceitos, temores e rivalidades e a convivência ética, respeitosa e solidária com as diferenças que compõem a diversidade religiosa, étnica e cultural da população brasileira e da humanidade.

Cabe a você comunicar aos alunos e a seus familiares a confiança na escola e a certeza de que o Ensino Religioso, longe de excluir ou desprezar qualquer experiência ou pertença religiosa, educa para o respeito à diversidade e a valorização dos diferentes conhecimentos, vivências e modos de crer dos alunos e de seus familiares.

Educar para a convivência positiva com as diferenças é um dos principais objetivos do Ensino Religioso. Por isso o livro do 3º ano, *Podemos entender sinais*, sugere atividades lúdicas com música e artes, ao mesmo tempo em que valoriza o conhecimento já adquirido pelos alunos e incentiva o exercício de observar fatos e sinais do sagrado no meio ambiente e na cultura, refletir, procurar novos conhecimentos, expressar ideias e tirar conclusões significativas.

Parabéns por sua coragem de apostar na eficácia transformadora do Ensino Religioso. Auguramos que este livro venha ao encontro de suas expectativas didáticas e pedagógicas e contribua para fazer de sua sala de aula uma célula do mundo de igualdade e paz com o qual todos sonhamos.

A você, um abraço de Paulinas Editora e da autora deste livro.

MÚSICA

As músicas e letras das canções citadas neste livro podem ser adquiridas acessando-se os aplicativos abaixo:

Ou digitando os links:

Google Play: http://bit.ly/podemosentendersinais-googleplay

iTunes: http://bit.ly/podemosentendersinais-itunes

Deezer: http://bit.ly/podemosentendersinais-deezer

Spotify: http://bit.ly/podemosentendersinais-spotify

Ensino Religioso
Componente curricular do Ensino Fundamental

A escola é espaço de pesquisa, construção de conhecimento, apropriação do legado cultural da humanidade e reflexão sobre a vida atual, em vista da educação integral e cidadã.

O Ensino Religioso, componente curricular do Ensino Fundamental, afirma-se nas Ciências da Religião, uma nova área acadêmica adotada em universidades do mundo inteiro, nos últimos 100 anos.

As Ciências da Religião têm por objetivo o estudo sistemático da religião, ou seja, das expressões culturais da religiosidade humana, em todas as suas dimensões, formas, conteúdos, práticas, significações. Por isso, a sua estrutura é multidisciplinar. Diferentes disciplinas, como Sociologia, Antropologia, História, Geografia, Filosofia, Psicologia, dentre outras, auxiliam na abordagem e compreensão desse fenômeno universal, presente nas diferentes culturas, desde os primórdios da humanidade.

O objeto de estudo da disciplina Ensino Religioso é o Fenômeno Religioso, isto é, os sinais e as expressões da religiosidade humana na cultura e na sociedade. Edgar Morin, professor da Universidade de Paris, no livro *Os sete saberes necessários para a educação do futuro*, escrito a pedido da UNESCO (Organização das Nações Unidas para a Educação, a Ciência e a Cultura), sobre os paradigmas da educação para o Terceiro Milênio, assim diz: "O saber científico sobre o qual este texto se apoia para situar a condição humana não só é provisório, mas também desemboca em profundos mistérios referentes ao Universo, à Vida, ao nascimento do ser humano. Aqui, intervêm opções filosóficas e crenças religiosas através de culturas e civilizações" (p. 13).

O Ensino Religioso como parte da educação cidadã, visa desenvolver as duas dimensões propostas pelo professor Morin: por um lado, o saber que resulta do rigor científico e, por outro, a humanização e a superação de preconceitos e rivalidades derivados da ignorância ante a diversidade de gênero, cultura, religião ou etnia.

EXIGÊNCIA CULTURAL DA SOCIEDADE

A UNESCO há muitos anos incentiva os povos a uma convivência internacional justificada pelos Direitos Fundamentais do Ser Humano, dentre os quais o direito de crença e de culto.

Diz a *Convenção Relativa à Luta contra a Discriminação no Campo do Ensino*, de 1960: "A educação deve visar ao pleno desenvolvimento da personalidade humana e ao fortalecimento do respeito aos direitos humanos e das liberdades fundamentais, o que deve favorecer a compreensão, a tolerância e a amizade entre todas as nações e todos os grupos raciais ou religiosos, assim como o desenvolvimento das atividades nas Nações Unidas para a manutenção da paz. Deve ser respeitada a liberdade dos pais ou, quando for o caso, dos tutores legais de assegurar, conforme as modalidades de aplicações próprias da legislação de cada Estado, a educação religiosa e moral dos filhos, de acordo com suas próprias convicções; outrossim, nenhuma pessoa ou nenhum grupo poderá ser obrigado a receber instrução religiosa incompatível com suas convicções" (art. 5º).

A *Declaração sobre a Raça e os Preconceitos Raciais*, de 1978, diz: "A identidade de origem não afeta de modo algum a faculdade que possuem os seres humanos de viver diferentemente, nem as diferenças fundadas na diversidade das culturas, do meio ambiente e da história, nem o direito de conservar a identidade cultural" (art. 1º).

A *Declaração sobre a Diversidade Cultural*, de 2001, confirma em sua introdução: "A UNESCO, reafirmando sua adesão à plena realização dos direitos humanos e das liberdades fundamentais proclamadas pela *Declaração Universal dos Direitos Humanos*; [...] Reafirmando que a cultura deve ser considerada como o conjunto de traços distintivos espirituais e materiais, intelectuais e afetivos que caracterizam uma sociedade ou um grupo social, e que abrange, além das artes e das letras, os modos de vida, as formas de convivência, os sistemas de valores, as tradições e as crenças. [...] Aspirando a uma maior solidariedade baseada no reconhecimento da diversidade cultural, na conscientização da unidade do Gênero Humano e no desenvolvimento de intercâmbios culturais, proclama: [...] A diversidade cultural amplia as possibilidades de escolha que se oferecem a todos; é uma das fontes do desenvolvimento, entendido não somente em termos de crescimento econômico, mas também como meio de acesso a uma existência intelectual, afetiva, moral e espiritual satisfatória" (art. 3º).

A *Convenção para a Salvaguarda do Patrimônio Cultural Imaterial*, de 2003, acrescenta: "O patrimônio cultural imaterial [...] manifesta-se em particular nos seguintes campos: tradições e expressões orais, incluindo o idioma como veículo do patrimônio cultural imaterial; expressões artísticas; práticas sociais, rituais e atos festivos; conhecimentos e práticas relacionados à natureza e ao universo; técnicas artesanais tradicionais. Entende-se por 'salvaguarda' as medidas que visam garantir a viabilidade do patrimônio cultural imaterial, tais como a identificação, a documentação, a investigação, a preservação, a proteção, a promoção, a valorização, a transmissão – essencialmente por meio da educação formal e não formal – e revitalização deste patrimônio em seus diversos aspectos" (arts. 2º e 3º).

Acesso aos textos integrais da UNESCO: <www.brasilia.unesco.org./publicacoes/docinternacionais/docccultura>.

DIVERSIDADE E DIREITOS HUMANOS NO BRASIL

O Estado brasileiro, por meio da Secretaria Especial de Direitos Humanos, vem pondo em prática os compromissos assumidos como Estado membro da UNESCO.

A *Constituição Federal* de 1988 assim diz: "É inviolável a liberdade de consciência e de crença, sendo assegurado o livre exercício dos cultos religiosos e garantida, na forma da lei, a proteção aos locais de culto e a suas liturgias" (art. 5º, inciso VI).

A Cartilha *Diversidade Religiosa e Direitos Humanos*, de 2005, complementa: "O Estado brasileiro é laico. Isso significa que ele não deve ter, e não tem religião. Tem, sim, o dever de garantir a liberdade religiosa [...] um dos direitos fundamentais da humanidade, como afirma a Declaração Universal dos Direitos Humanos. [...] A pluralidade, construída por várias raças, culturas, religiões, permite que todos sejam iguais, cada um com suas diferenças. É o que faz do Brasil, Brasil. Certamente, deveríamos, pela diversidade de nossa origem, pela convivência entre os diferentes, servir de exemplo para o mundo" (Apresentação).

Acesso à Cartilha: <www.presidencia.gov.br/estrutura_presidenciasedh/.arquivos/cartilhadiversidadereligiosaportugues.pdf>.

O ENSINO RELIGIOSO NO ÂMBITO DA EDUCAÇÃO NACIONAL

A *Constituição Federal* de 1988 assim define o Ensino Religioso: "Serão fixados conteúdos mínimos para o Ensino Fundamental, de maneira a assegurar formação básica comum e respeito aos valores culturais e artísticos, nacionais e regionais. § 1º – O Ensino Religioso, de matrícula facultativa, constituirá disciplina dos horários normais das escolas públicas de Ensino Fundamental" (cf. art. 110).

O art. 33 da *Lei de Diretrizes e Bases da Educação Nacional* de 1996, redigido pela segunda vez pela Lei n. 9475, em 1997, esclarece: "O Ensino Religioso, de matrícula facultativa, é parte integrante da formação básica do cidadão e constitui disciplina dos horários normais das escolas públicas de Ensino Fundamental, assegurado o respeito à diversidade cultural religiosa do Brasil, vedadas quaisquer formas de proselitismo".

A Câmara de Educação Básica do Conselho Nacional de Educação, na Resolução n. 7, de 14 de dezembro de 2010, ao fixar as *Diretrizes Curriculares Nacionais para o Ensino Fundamental de 9 (nove) anos*, afirma:

"Art. 14. O currículo da base nacional comum do Ensino Fundamental deve abranger, obrigatoriamente, conforme o art. 26 da Lei n. 9.394/96, o estudo da Língua Portuguesa e da Matemática, o conhecimento do mundo físico e natural e da realidade social e política, especialmente a do Brasil, bem como o ensino da Arte, a Educação Física e o Ensino Religioso.

Art. 15. Os componentes curriculares obrigatórios do Ensino Fundamental serão assim organizados em relação às áreas de conhecimento:

I – Linguagens: a) Língua Portuguesa; b) Língua Materna, para populações indígenas; c) Língua Estrangeira moderna; d) Arte; e) Educação Física; II – Matemática; III – Ciências da Natureza; IV – Ciências Humanas: a) História; b) Geografia; V – Ensino Religioso.

Art. 21. No projeto político-pedagógico do Ensino Fundamental e no regimento escolar, o aluno, centro do planejamento curricular, será considerado como sujeito que atribui sentidos à natureza e à sociedade nas práticas sociais que vivencia, produzindo cultura e construindo sua identidade pessoal e social.

Parágrafo único. Como sujeito de direitos, o aluno tomará parte ativa na discussão e na implementação das normas que regem as formas de relacionamento na escola, fornecerá indicações relevantes a respeito do que deve ser trabalhado no currículo e será incentivado a participar das organizações estudantis.

Art. 22. O trabalho educativo no Ensino Fundamental deve empenhar-se na promoção de uma cultura escolar acolhedora e respeitosa, que reconheça e valorize as experiências dos alunos atendendo as suas diferenças e necessidades específicas, de modo a contribuir para efetivar a inclusão escolar e o direito de todos à educação."

CONTEÚDOS DO ENSINO RELIGIOSO

No âmbito das matrizes histórico-culturais brasileiras, o objeto de estudo do Ensino Religioso é o Fenômeno Religioso enquanto Patrimônio Imaterial do povo brasileiro.

De forma pedagógica, pode-se organizar a diversidade de informações e de possíveis abordagens do conteúdo em cinco eixos temáticos, partindo-se do visível, isto é, do conhecimento ao qual os estudantes têm acesso fora da escola, por meio da cultura, da comunicação, da observação do meio ambiente ou da experiência familiar:

- **Ritos, festas, locais sagrados, símbolos** – centros religiosos, templos, igrejas, sinagogas, mesquitas, terreiros, casas de reza; cerimônias, oferendas, cultos, liturgias, rituais etc.

- **Tradições religiosas** – indígenas, africanas e afro-brasileiras, Judaísmo, Xintoísmo, Hinduísmo, Budismo, Islamismo, Fé Bahá'i, Protestantismo, Catolicismo, Pentecostalismo, novos movimentos religiosos ecléticos e sincréticos, religião cigana e outras.

- **Teologias das tradições religiosas** – diferentes nomes e atributos do ser transcendente, diferenças e semelhanças doutrinais entre as tradições religiosas; mitos de origem; crenças na imortalidade: ancestralidade, reencarnação, ressurreição.

- **Textos sagrados** – orais: mitos e cosmovisões das tradições indígenas, ciganas, africanas; escritos: livros sagrados das antigas civilizações e das tradições religiosas atuais.

- *Ethos* **dos povos e das culturas** – costumes e valores dos povos e de suas religiões.

TRATAMENTO PEDAGÓGICO DO ENSINO RELIGIOSO

O Ensino Religioso é essencialmente interdisciplinar. Requer atividades interativas que proporcionem não só pesquisa rigorosa, reelaboração de dados, produção de formas literárias e artísticas do conhecimento adquirido e reflexão, como também experiências significativas na educação integral, pois nenhuma disciplina como o Ensino Religioso lida com as questões humanas universais.

Estas, por sua vez, refletidas e dialogadas, podem iluminar questões particulares e coletivas e se transformar em construção da sabedoria de vida, que leva à cidadania e ao protagonismo na humanização e na transformação da sociedade.

Orientações para o uso deste livro

O livro do aluno não é consumível. É preciso caderno ou folhas para as atividades escritas e artísticas. Desta forma, poderá ser usado por outra criança no ano seguinte, motivando os alunos a conservá-lo com cuidado e, assim, exercitar a cidadania.

POSSIBILIDADE DE ESCOLHA

No desenvolvimento das aulas são dadas sugestões de atividades. Também o livro da criança tem ilustrações que sugerem atividades possíveis. Você não precisa desenvolver tudo o que é sugerido. Pode optar pelo que for mais conveniente, nas condições em que trabalha.

As aulas podem ser desenvolvidas como apresentado ou desdobradas em projetos de duração variável. Nesse caso, podem ser selecionados os temas de maior interesse. Quaisquer iniciativas suas para tornar a aula mais interessante e agradável são altamente recomendáveis.

PASSOS DO DESENVOLVIMENTO

HISTÓRIA

Os relatos iniciais abordam valores, situações humanas e significados transcendentes para a vida. Convidam a criança a desenvolver a comunicação consigo, com a turma e com pessoas adultas, bem como expressar a sabedoria que dá novo sentido a tudo.

Não é preciso contar a história quando for conhecida. Basta mencionar um aspecto particular e deixar que a turma construa o que está faltando.

A construção da história pode ser oral, usando linguagem onomatopaica, em rima, adaptada a uma melodia, com desenhos, encenação, maquetes, bonecos de vários tipos etc.

Pode-se sugerir um começo, alguns personagens, um tema, um acontecimento, um final ou um ambiente e pedir que seja desenvolvido aquilo que falta na história.

É interessante e agradável convidar pessoas da comunidade a vir contar histórias.

MÚSICA

Podem ser usadas músicas do patrimônio cultural, como refrões de contos de fadas e cantigas de roda, para criar novas letras. Por meio delas, a turma constrói conhecimento e reflexão.

Qualquer música pode ser acompanhada de ritmo, produzido pelo próprio corpo ou por instrumentos que sejam, de preferência, construídos pela turma, com material alternativo.

As músicas que aparecem no fim de cada lição têm o objetivo de acrescentar aspectos complementares ao conteúdo. Encontram-se no CD que acompanha este livro.

COMUNICAÇÃO

A criança traz para a escola o conhecimento adquirido na família e na sociedade em que nasceu. Esse conhecimento se dá pela comunicação, mas é preciso incentivar a conversa com adultos e a investigação daquilo que se deseja saber, trazendo para a sala de aula as informações que foram assimiladas.

O Ensino Religioso é conhecimento da religiosidade e do sentido da vida. A formação da criança se dá por meio de experiências, da tomada de consciência dos sentimentos que essa experiência desperta, do diálogo, da reflexão e da opinião formada a respeito da realidade. Nos anos iniciais, o conteúdo do Ensino Religioso ajuda a criança a refletir, debatendo com colegas e pensando em fatos da própria vida.

O item comunicação é o mais importante no desenvolvimento das aulas. Nem sempre a sugestão será reunir equipes. Em certos momentos a turma poderá construir o conhecimento e a expressão usando outras modalidades, que serão indicadas em cada lição.

INVENÇÃO

Trata-se de atividades que têm o intuito de estimular a criatividade e desenvolver aptidões. Podem ser usados diversos materiais artísticos: massa de modelar, tintas e lápis para desenho e pintura, tesoura, cola, papel colorido, gravuras, e todo tipo de material alternativo (sucata).

CHARADA

Esta breve atividade lúdica não precisa ser abordada na classe. O objetivo é tornar o livro mais atraente, para que a criança volte a abri-lo em casa e seja estimulada a comunicar-se com familiares. As respostas estão no final do livro.

JÁ PENSOU SE FOSSE ASSIM?

A canção final apresenta músicas que falam da construção de um mundo melhor, ampliando os temas dialogados na sala. Pode complementar a lição ou ser uma alternativa de trabalho, quando não for possível ou conveniente desenvolver uma das outras atividades.

PARA CONVERSAR COM QUEM VOCÊ AMA

Sugestão para que a criança dialogue em casa, com alguém de sua confiança. Nas aulas seguintes é útil deixar que elas expressem o resultado dessa experiência. Para auxiliá-las, é preciso explicar o que devem fazer e pedir que mostrem o livro para as pessoas com quem irão conversar.

OUTRAS SUGESTÕES

USO DO ESPAÇO NA SALA

O movimento corporal é indispensável nas séries iniciais. A experiência requerida pelo Ensino Religioso dificilmente pode ocorrer se a aula não envolver a criança nas dimensões cognitiva, emocional e lúdica. Para isso faz-se necessário um espaço adequado.

Algumas sugestões:

Dispor as carteiras em círculo, para que todos possam se ver o tempo todo.

Encostar as carteiras ao longo das paredes, com as cadeiras na frente, para serem usadas, de modo a formar um espaço no centro para brincadeiras, apresentações e diálogos.

Concentrar as carteiras no centro da sala, de modo a deixar espaços laterais para que a turma circule cantando, dançando, em fila, em formação de trenzinho, em grande roda, marcando ritmo, batendo os pés, de mãos dadas etc.

Deixar as carteiras em filas e pedir que a turma circule nos corredores entre elas.

BRINCADEIRAS

O ato de brincar é a forma natural de aprendizado da criança. Para ela é um ato sério e revestido de grande significado. Brincando, ela recria, elabora e enfrenta as mais variadas situações da vida cotidiana. Sempre que for oportuno, é bom sugerir às crianças que brinquem como se estivessem em uma determinada situação. Assim elas estarão compreendendo e assimilando conceitos abstratos. Por exemplo: as crianças que pertencem a determinada religião podem brincar de estar celebrando o culto ou a liturgia a que costumam assistir em sua comunidade.

MOVIMENTOS INDIVIDUAIS E COLETIVOS

As músicas, canções, falas ou rimas podem ser acompanhadas com movimentos e sons produzidos pelo corpo, para marcar o ritmo e experimentar o sensação de fazer parte de um grupo.

O ritmo pode ser marcado com sons de palmas, pés, estalar de dedos, ou com movimentos, como meia-volta, passo à frente, passo atrás, bater as palmas das mãos do colega da direita e da esquerda, abaixar, levantar, balançar como árvore ao vento.

Pode-se também reproduzir os movimentos de animais "em câmara lenta", "congelar" a posição ou "ficar como estátua"; dançar ou caminhar em roda, em fila, em duplas, em pequenos grupos, de mãos dadas, com as mãos nos ombros do companheiro da frente, de braços dados com o parceiro do lado, saltitar, pular em um pé só, caminhar para trás.

Outra sugestão são as mímicas coletivas, envolvendo a turma toda ou pequenos grupos, como se estivessem remando um barco, colhendo frutas de uma árvore, lavando um carro, balançando como a onda do mar, caminhando em movimento sincronizado como uma centopeia etc.

REPRODUÇÃO DE SONS

As crianças reproduzem qualquer som conhecido com a linguagem onomatopaica. O exercício é prazeroso e divertido, libera grande potencial de criatividade e descontração e as introduz em um mundo imaginário.

Ao ser construída uma história, podem ser feitos, por pequenos grupos ou por vozes individuais, os sons que nela aparecem. Por exemplo:

- sons da fazenda – grupos de animais domésticos, cabras, patos, galinhas, porcos, galos, pintos, cavalos, bois. Pode-se narrar a presença dos animais, para que cada grupo ou pessoa emita o respectivo som, depois criar um momento coletivo (o amanhecer ou anoitecer, a hora da ração), quando todos os animais se manifestam juntos etc.;
- sons da floresta – cantos de pássaros, vento entre as árvores, grilos, cigarras etc.;
- a chuva pode ser representada com os dedos – primeiro um só dedo batendo na palma da mão ou na mesa, depois dois, três, conforme a chuva for aumentando ou diminuindo de intensidade;
- galope de cavalo – bater palmas ritmadas, com as mãos em concha;
- sons da cidade – podem ser feitos grupos para buzina, moto, carro, apito de guarda, sirene de bombeiros ou polícia, ambulantes anunciando seus produtos;
- sons da feira: vendedores gritando o preço de frutas, legumes, peixes, carnes;
- sons de meios de transporte: metrô e trem, esfregando um pedaço de sacola plástica entre as palmas das mãos.

Instrumentos musicais podem ser construídos com os mais variados materiais alternativos. Na maioria das vezes, não reproduzem as notas musicais, mas servem para marcar o ritmo, que envolve e harmoniza a turma em uma construção coletiva.

UNIDADE 1

Sinal verde para descobrir

Objetivo Observar os sinais do sagrado presentes na cultura e no ambiente. Refletir e formar opinião a respeito da religiosidade humana.

1.1. O observatório de sinais

Perceber os numerosos sinais reveladores dos sentimentos religiosos das pessoas e a cultura religiosa presente na sociedade.

O necessário para desenho, colagem, pintura etc.

SINAIS DA RELIGIÃO

Um dia, meu pai e eu fomos passear de bicicleta. Na praça, vimos pessoas que faziam gestos lentos e pareciam conversar, em silêncio, com alguém.

Perguntei a meu pai o que significava aquela cena e ele explicou que eram exercícios de concentração. As pessoas faziam isso para sintonizarem-se com a energia que Deus colocou na natureza.

Aquele encontro na praça foi para mim a descoberta de um sinal religioso. Existem outros sinais religiosos no bairro, na cidade e também na TV, nas revistas, no rádio, nas músicas, nos jornais, nas ruas e nas casas.

Concluí que a religião faz parte da vida das pessoas. Meu pai confirmou minha opinião.

Ler e comentar o texto inicial, sugerindo às crianças que reproduzam os gestos sugeridos no texto: pedalar a bicicleta, gestos religiosos que estão acostumadas a ver na TV, em revistas ou em suas próprias religiões.

Pedir às crianças que lembrem dos sinais religiosos que observam no meio ambiente, na família, nos meios de comunicação. Por exemplo: em templos, igrejas, lojas de artigos religiosos afro-brasileiros, livros, imagens, objetos, cenas da televisão, como muçulmanos em mesquitas, judeus em sinagogas, cerimônias à beira do mar na passagem do ano.

Pedir a alguns voluntários que observem os colegas por alguns minutos e deixem a sala. Na ausência deles, a turma deve trocar tudo o que for possível: material, lugares, peças de roupas e outros acessórios. Ao voltarem, os voluntários devem perceber tudo o que foi trocado.

Após a experiência, dialogar:

- O que é necessário para observar os sinais que nos cercam (olhar, pedir explicações, manter atenção, comparar com tudo que conhecemos etc.)?

- Qual o resultado da observação (pensamos e formamos nossa opinião a respeito do que vemos)?

A seguir, executar a sugestão do item *Invenção*: organizar a turma em grupos e pedir que representem os sinais religiosos que conhecem, com desenho, pintura, colagem ou outra forma preferida. Se um grupo quiser, pode brincar, reproduzindo alguma forma de culto religioso.

COMUNICAÇÃO

O mundo é repleto de sinais do sagrado, que provam como é importante para as pessoas ter uma religião.

Você pode participar da brincadeira que será feita na sala, para observar sinais e tirar conclusões.

INVENÇÃO

Em grupo, você pode falar dos sinais do sagrado que vê no bairro, na cidade, na TV ou na sua religião.

Depois, o grupo pode desenhar, pintar, fazer colagem ou representar uma cena religiosa para a turma toda.

CHARADA

Qual o peso de uma criança que pesa 15 quilos a menos que o dobro de seu peso?

PARA CONVERSAR COM QUEM VOCÊ AMA

Em seu tempo de criança, quais eram os sinais religiosos que você conhecia?

JÁ PENSOU SE FOSSE ASSIM?

MEU PEDACINHO DE GENTE

Deus sempre sonhou com você
Oh! Meu pedacinho de gente
Bem antes de a flor nascer
Você já era semente

O tempo não pode guardar
O sonho que Deus inventou
Semente-criança se espalhou
Pra ser na Terra amor

Guardada dentro de Deus
Pertinho do coração
Bem antes de o amor nascer
Você já era semente

Zélia Patrício. CD *A bonita arte de Deus*. v. 2.
Paulinas/COMEP, 1996.

1.2. Mãos que contam histórias

OBJETIVO

Identificar as pessoas cujas atitudes de cuidado pela criança são sinais de amor, segurança, proteção e alegria de viver.

MATERIAL

Canetinhas hidrocor ou esferográfica para desenho nos próprios dedos. Fita adesiva transparente. Pequenos retalhos de papel ou tecido para confeccionar roupas, gravatas, laços, chapéus etc. nos bonecos de dedos.

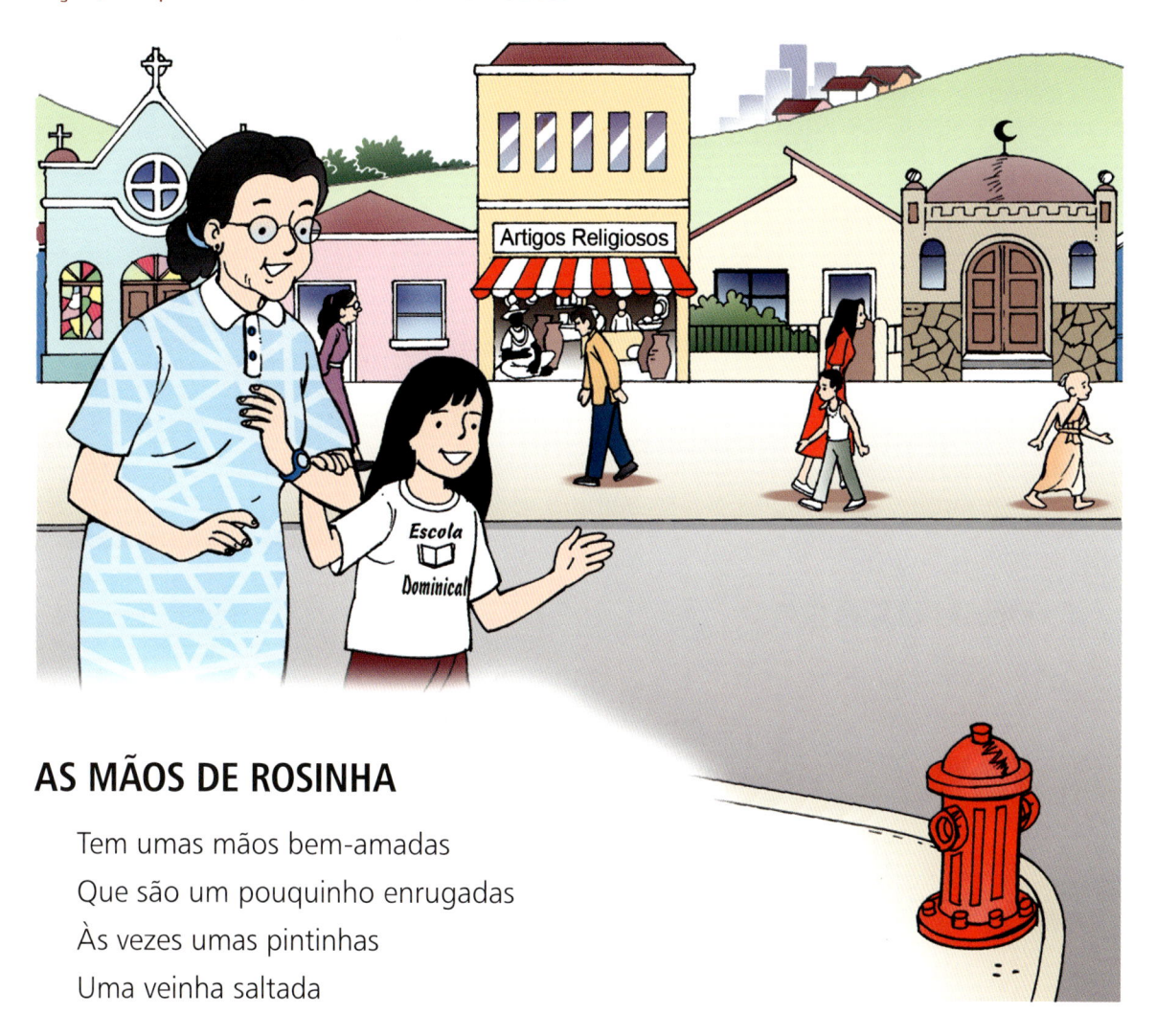

AS MÃOS DE ROSINHA

Tem umas mãos bem-amadas
Que são um pouquinho enrugadas
Às vezes umas pintinhas
Uma veinha saltada

Mas são mãos que contam histórias
De um tempo que já passou
Que afagam e secam lágrimas
Mãos de vovó, de vovô

Glória Barreto. *As mãos de Rosinha*. 2. ed. São Paulo: Paulinas, 2001. p. 10.

Ler o poema inicial e comentar a afirmação: "As religiões nos ensinam a amar".

Questionar: como se pode demonstrar amor com as mãos? (por exemplo: preparar as refeições, ajudar a carregar um objeto, fazer carinho, arrumar a bagunça do quarto). Deixar as crianças criarem gestos e sons para reproduzir as ações que vão sendo sugeridas.

Brincar com rimas, criar versos que envolvam cenas domésticas: alimentação, convivência com familiares, aconchego, pois é nessas situações que a criança experimenta o amor e a proteção das pessoas.

Escrever no quadro uma frase. Exemplo: "Vou chamar meu irmão". Deixar que as crianças completem a rima, como: "Pra mamãe nos dar pão"; "E vamos comer mamão"; "Pra brincar com o pião"; "E vamos fazer a lição" etc.

A seguir, executar a sugestão do item *Invenção*: sugerir às crianças que pintem os próprios dedos, representando as pessoas por quem se sentem amadas. Ajudá-las, recortando roupinhas, gravatas, chapéus, bigodes, óculos etc., em pequenos retalhos de papel ou tecido, e colando-os nos dedos (ver as ilustrações da lição). Pedir a cada criança que apresente para a turma as pessoas que representou nos próprios dedos e diga quais os sinais de amor que recebe delas.

Concluir enfatizando que todas as pessoas existem para amar e ser amadas. É pelos sinais de amor que podemos ajudar as pessoas a serem felizes

COMUNICAÇÃO

As religiões ensinam a amar.
Um sinal de amor é cuidar da pessoa amada.
Rosinha tem pessoas que a amam e cuidam dela.
Como sabemos que uma pessoa nos ama?

INVENÇÃO

Que tal representar as pessoas que mais amam você?

CHARADA

O que é, o que é? Todos têm em casa, mas ninguém quer na casa.

PARA CONVERSAR COM QUEM VOCÊ AMA

Agradeça às pessoas que você ama pelo amor que dedicam a você.

JÁ PENSOU SE FOSSE ASSIM?

TEMPO DE CRIANÇA

Sou criança, gosto de brincar
Gosto de viver alegre a cantar
Mas como tudo tem seu tempo certo
Eu também gosto, também gosto de estudar

Mas para viver feliz
Preciso sempre de alguém
Que me trate com amor
E me dê carinho também

Dizem que toda criança
Tem os direitos iguais
Existem muitas crianças
Dormindo sobre jornais

Toda criança precisa
De amor e de proteção
Para que assim todos possam
Saltitar com esta canção

Celina Santana. CD *Palavras mágicas*.
Paulinas/COMEP, 2002.

1.3. Vá com Deus, fique com Deus!

OBJETIVO

Perceber sinais de religiosidade na linguagem cotidiana.

MATERIAL

Deixar à disposição o material necessário para a produção de um texto coletivo e para uma encenação teatral.

PEQUENOS SINAIS DE AMOR

Aqui em minha cidade temos um costume bem típico do povo brasileiro. Quando as pessoas se despedem, dizem: "Vá com Deus!" ou "Fique com Deus!". Até nos ônibus, ouvimos os motoristas e passageiros trocarem essa bonita saudação, nos pontos de desembarque.

De tanto ouvir na rua "Vá com Deus!" ou "Fique com Deus!", comecei a dizer o mesmo em minha casa. A novidade agradou. Hoje ninguém da minha família sai sem repetir essa carinhosa saudação.

Ler e comentar o texto inicial. Deixar as crianças reproduzirem os sons e movimentos que o texto sugere (ônibus, trânsito, motorista, parada, subida e descida de passageiros etc.).

Pedir às crianças que lembrem outras expressões da cultura brasileira, como: "Meu Deus!", "Deus queira!", "Deus te abençoe!", "Se Deus quiser!".

Concluir que a linguagem e a vida cotidiana estão repletas de sinais que revelam sentimentos. E na linguagem religiosa as pessoas manifestam amor e carinho por Deus, que cuida delas.

A seguir, executar a sugestão do item *Invenção*: organizar grupos e pedir que cada um imagine personagens e escreva um diálogo, usando as expressões ou atitudes que foram lembradas. Por exemplo:

— Mãe, posso ir brincar com a Laurinha?

— Sim, mas não demore. Vovó está chegando. Ela vem almoçar conosco.

— Oba! Deus queira que ela traga o livro que pedi.

— Sim, mas não pergunte imediatamente, quando ela chegar. Seja educada, combinado?

— Claro, Deus me livre de ser mal-educada com a vovó! Tchau, mãe.

— Tchau, vá com Deus.

Sugerir a cada grupo que transforme seu texto em encenação teatral, desenho ou letra para uma melodia conhecida.

COMUNICAÇÃO

Você conhece outros sinais da linguagem que demonstrem religiosidade ou carinho e respeito?

Os sinais que você conhece são parecidos com "Vá com Deus!" e "Fique com Deus!"?

INVENÇÃO

Com o grupo, você pode escrever o texto de um diálogo.

O diálogo pode conter sinais de religiosidade, de amor, de amizade e de respeito.

Ainda com o grupo, pode transformar o texto do diálogo e fazer uma peça de teatro, um desenho ou uma canção.

CHARADA

Qual é a diferença entre o automóvel e o cachorro?

PARA CONVERSAR COM QUEM VOCÊ AMA

O que você está descobrindo nas aulas de Ensino Religioso? Amor, respeito, amizade? Converse sobre isso com quem você ama.

JÁ PENSOU SE FOSSE ASSIM?

OBRIGADO!

Obrigado de coração!
Que Deus te abençoe
Te conduza pela mão

Meu amigo, meu irmão
Teu semblante me inspira uma canção
Teu olhar revela os sonhos
Teu sorriso vem de Deus, é oração

Meu amigo, meu irmão
Tudo aquilo que na vida acontecer
Mesmo quando eu fracassar
Sentirei a tua força pra vencer

José Carlos Sala. CD *Sementinha*. v. 4.
Paulinas/COMEP, 2000.

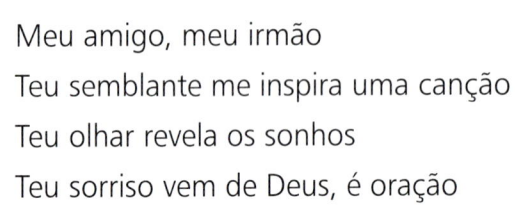

1.4. O mundo que fala

OBJETIVO

Ouvir e identificar os sons. Aprender a refletir acerca da realidade que os sons fazem lembrar. Compreender que os sons podem também despertar sentimentos e emoção e revelar a cultura religiosa.

MATERIAL

Gravação de sons da natureza ou da vida cotidiana, por exemplo: família conversando, carros, crianças brincando, sirene, música, sons de vários trabalhos, de eletrodomésticos etc.

O CARTEIRO E O POETA

Havia um poeta que vivia longe de sua terra natal. Todos os dias, o carteiro trazia cartas das pessoas que ele amava e que estavam distantes. Os dois tornaram-se amigos.

Um dia, o poeta voltou para sua pátria. Passado algum tempo, escreveu a seu amigo carteiro e disse que estava com saudades. O carteiro gravou os sons daquela terra: as ondas do mar na praia, o grito das gaivotas, o vento nas árvores, o canto dos pássaros, as vozes do vilarejo. Copiou no computador e mandou ao poeta pela internet.

O poeta ouviu e sentiu uma emoção enorme. Aqueles sons trouxeram todas as lembranças lá vividas. E ele as guardou no coração.

Alusão ao livro *O carteiro e o poeta*, de Antonio Skármeta. 24. ed. Rio de Janeiro: Record, 2007.

Ler e comentar o texto inicial. Deixar as crianças criarem os sons e movimentos que o texto sugere. Por exemplo: barulho das ondas e movimento do corpo, grito de gaivotas e movimento de voo, sibilar do vento, movimento das árvores, cantos de pássaros conhecidos etc.

Ligar a gravação de sons e pedir que ouçam em silêncio.

A seguir, pedir às crianças que desenhem a cena do som que mais lhes chamou a atenção. Por exemplo: um carro no trânsito, a mãe conversando com uma criança, alguém que varre a calçada etc.

Organizar grupos que dialoguem com base nos desenhos, sobre o que os sons fazem lembrar: o que pode ficar como está e o que precisa mudar. Por exemplo, som de família conversando pode ficar como está se há diálogo, perdão, paciência, festas, passeios, brincadeiras. Precisam ser mudados: brigas, maus-tratos, discussões etc.

Concluir enfatizando a importância dos sinais e dos sons para nos ajudarem a imaginar e compreender a realidade na qual vivemos.

Depois, executar a sugestão do item *Invenção*, seguindo as instruções da ilustração para a construção de um megafone.

COMUNICAÇÃO

Com a turma, ouça a gravação de sons do meio ambiente. Depois desenhe o que você imaginou.

Com seu grupo, descubra tudo o que os sons fazem lembrar.

Há coisas boas que podem ficar assim e outras que precisam ser mudadas?

INVENÇÃO

Que tal fazer um megafone de papel?

Ele serve para falar e para ouvir os sons.

CHARADA

O que é, o que é? Tem movimento, mas não é vento.

É amarelo, e não é marmelo.

Não é bicho, mas se reproduz.

Não é mamãe, e pode dar a luz.

Não é o Cascão, mas não quer água não.

No dia em que o toquei, doeu minha mão.

PARA CONVERSAR COM QUEM VOCÊ AMA

Você gosta dos sons da natureza?

Existe algum som que faça você pensar em Deus?

JÁ PENSOU SE FOSSE ASSIM?

O VENTO

Escute o vento baixinho
Agradecendo à vida
Soprando ele vai mansinho
Soprando ele vai mansinho

Você o sentiu?
Ele passou!
Você o sentiu?
Ele passou!

Agora é Deus que fala
Ensina o segredo da vida
E fala baixinho
E fala baixinho

Você o escutou?
Ele falou!
Pra quem o escutou
Ele falou!

Zélia Patrício. CD *A bonita arte de Deus*. v. 1. Paulinas-COMEP, 1996.

UNIDADE 2

O posto de observação

Objetivo Desenvolver a capacidade de compreender realidades que não são claras à primeira vista, mas podem ser notadas por meio de sinais da linguagem e dos símbolos.

2.1. O nó nas orelhas do coelho

OBJETIVO

Compreender que os sinais muitas vezes revelam intenções e dão "recados sem palavras" entre as pessoas.

O RECADO SEM PALAVRAS

Você é fã da turma da Mônica?

Os meninos gostam de deixar a Mônica furiosa. Eles fazem um nó nas orelhas do coelhinho dela e depois se escondem, para vê-la "bufar" de raiva.

Eles não dizem nada, mas ela vê o "recado sem palavras". Assim a Mônica entende a intenção que eles tiveram: deixá-la furiosa.

O que acontece depois, quando a Mônica se encontra com os meninos?

Ler e comentar o texto inicial.

Pedir às crianças que lembrem outros "recados" que se podem dar por meio de sinais. Por exemplo: esconder um objeto de alguém, pôr um obstáculo para que alguém tropece, deixar um bombom na mesa de alguém, abraçar alguém que está sofrendo.

Pedir que lembrem das intenções que os "recados" comunicam e os sentimentos que eles podem despertar.

A seguir, executar a sugestão do item *Invenção*: organizar a turma em equipes e pedir a um membro de uma equipe que visite outra. Sugerir aos membros das equipes que manifestem, com gestos e fisionomias, sem palavras, os sentimentos de alegria e acolhimento ou rejeição e indiferença pela pessoa que chega. Pedir a todos que voltem a suas equipes de origem e contem como se sentiram diante de cada "recado sem palavras" que receberam dos colegas.

Concluir enfatizando que, além da fala e da escrita, há muitos outros sinais que revelam os sentimentos das pessoas. Basta, para isso, uma expressão do rosto ou um gesto com a mão.

COMUNICAÇÃO

Por que a Mônica reage com raiva quando vê um nó nas orelhas do coelho?

Você lembra outros exemplos de "recados sem palavras"?

O que eles querem dizer?

INVENÇÃO

Com sua equipe, você pode brincar de ir visitar outra equipe. Preste atenção às orientações da professora.

Observe como as pessoas se sentem quando são bem ou mal recebidas.

CHARADA

O que é, o que é? Quanto mais cresce, mais perto fica do chão.

PARA CONVERSAR COM QUEM VOCÊ AMA

Quais os "recados sem palavras" que podemos mandar, para comunicar nosso amor pelas pessoas?

JÁ PENSOU SE FOSSE ASSIM?

DE MIM PRA VOCÊ

De mim pra você
Um sorriso feliz
Do meu coração
Alegria e ternura

De mim pra você
Eis a minha canção
Se fez de carinho
Nasceu dos compassos do meu coração.

Uma pausa para o contemplar
E sentir o seu jeito de amar
Só em nota maior vai caber
Todo o amor que guardei pra você
De mim pra você

Zélia Patrício. CD *A bonita arte de Deus*. v. 2.
Paulinas/COMEP, 1996.

2.2. Meu cachorro me pôs "numa fria"

OBJETIVO

Assumir as consequências dos próprios atos, que se manifestam por sinais. Sentir-se capaz de decidir, agir e transformar.

MATERIAL

O que houver disponível para desenhar uma história em quadrinhos ou realizar uma encenação.

QUE "FRIA"!

Durante as férias na fazenda, fui brincar em um lago. O sol estava queimando e minha mãe me pediu que saísse da água. Eu pensei: "Mamãe está se preocupando demais. Não há nenhum problema". E continuei por um bom tempo.

Naquela noite, minha garganta doeu, mas eu não disse nada a ela. No dia seguinte, levantei-me com os olhos vermelhos e a voz rouca. Não pude mais esconder.

Minha mãe não me deu bronca. Ela só conversou comigo e me explicou: os atos sempre têm consequências, que podem afetar a nós ou a outras pessoas.

Meu pai foi à cidade buscar o médico para me ver. Quando o vi preparando uma injeção, me escondi debaixo da cama. Mas meu cachorro quis demonstrar solidariedade: veio farejando e abanando o rabo. Entrou debaixo da cama e deu latidinhos de contentamento ao me encontrar. Papai veio atrás dele e guiou o médico até mim: não teve jeito: "entrei numa fria!".

Ler o texto inicial e comentar. Deixar que as crianças criem e reproduzam os sons e movimentos que o texto sugere. Por exemplo: sons da fazenda, sons de vários animais, barulho de água, falar com voz rouca, o pai saindo de carro, passos do pai no assoalho da casa, passos do cão correndo no assoalho, latidos alegres etc.

Pedir às crianças que relatem situações em que precisaram assumir as consequências dos próprios atos.

Concluir, enfatizando o ensinamento das religiões: o ser humano tem capacidade de fazer com que o mundo seja muito bom, mas tudo depende das decisões de cada pessoa, das próprias ações e de assumir as consequências do que se faz.

A seguir, executar a sugestão do item *Invenção*: formar grupos e pedir que inventem uma pequena história, na qual as personagens agem e observam as consequências.

Por exemplo: uma criança coloca farelos de pão no jardim; os passarinhos vêm comer e se acostumam a frequentar o jardim; depois fazem ninho em uma árvore e a criança fica conhecendo todo o processo de nascimento e crescimento dos filhotes.

Expor o material disponível e orientar cada grupo para que represente sua história da forma que desejar: quadrinhos, ilustração, fantoches, teatro etc.

COMUNICAÇÃO

As religiões mostram a capacidade que temos de tornar o mundo muito melhor.

Com nossas ações, podemos exercitar o bem.

Mas, muitas vezes, nossas ações têm resultados que fazem sofrer a nós e a outras pessoas.

Você se lembra de ter agido assim alguma vez? Conte para a turma.

INVENÇÃO

Com o seu grupo, você pode inventar uma história em quadrinhos, encenação ou teatro de fantoches, que mostre uma ação e seu resultado.

Que tal fazer fantoches como estes?

CHARADA

O que é, o que é? Faça, aprenda e se forme; depois, tire o "c" e corra!

PARA CONVERSAR COM QUEM VOCÊ AMA

Pergunte para quem você ama: quando criança, você se lembra de ter feito algo para agradar alguém que amava?

JÁ PENSOU SE FOSSE ASSIM?

A SEMENTINHA

Se você não cuidar da sementinha
Que mora em você
Ela vai morrer, ela vai morrer!

Se eu não cuidar da sementinha
Que mora em mim
Vai ficar assim, vai ficar assim!

Sempre sementinha,
sempre sementinha
Coitadinha, não vai crescer!

Zélia Patrício. CD *A bonita arte de Deus*. v. 7.
Paulinas/COMEP, 1996.

2.3. Passeio no tempo

OBJETIVO

Tomar consciência da capacidade de descobrir aspectos da realidade social, mediante a interpretação das consequências. Sentir-se capaz de participar de iniciativas coletivas de cidadania.

MATERIAL

O que houver disponível para desenho, pintura, colagem ou construção com sucata.

A MUDANÇA NECESSÁRIA

No aniversário de nossa professora fizemos uma surpresa. Pedimos a ela que a aula de Ensino Religioso fosse no parque, perto da escola.

Depois da aula era hora do recreio e sentamos no gramado para o lanche. Pedimos à professora que contasse algo de seu tempo de criança. Ela se lembrou de um passeio que fez com a turma, à margem de um riacho. A água estava cheia de lixo e naquele dia a turma decidiu cuidar do riacho. Todas as pessoas da escola apoiaram a ideia. As famílias do bairro também entenderam a importância de participar dessa ação. Pouco a pouco as águas correntes voltaram a ter vida.

Quando a professora terminou seu relato, todos nós pensamos: "Nossa turma também pode descobrir uma necessidade da escola ou do bairro. Podemos agir em conjunto para mudar o que precisa ser mudado".

No pátio ou no espaço livre da sala, desenhar duas linhas paralelas no chão, à distância de um pulo uma da outra, representando o riacho.

Pedir às crianças que pulem de uma para a outra margem.

Depois de todos terem pulado o riacho, distanciar as linhas de modo que ninguém possa pular "sem cair na água".

Conversar a respeito dos perigos da água poluída.

Concluir enfatizando o ensinamento das religiões acerca de um mundo diferente e bom. Isso é possível por meio do cuidado pelo ambiente e das ações coletivas que transformam a realidade.

A seguir, executar a sugestão do item *Invenção*: organizar equipes e pedir que imaginem como ficaria o riacho, depois de livre do lixo e da poluição. Por exemplo: teria peixes; árvores e flores cresceriam nas margens; as crianças poderiam brincar em suas águas.

Expor todo o material, para que as equipes escolham uma forma de representar a solução encontrada para a poluição do riacho.

COMUNICAÇÃO

As religiões ensinam que podemos melhorar o mundo.

Fazemos isso mudando para melhor tudo aquilo que não é bom.

O que acontece quando usamos água poluída?

INVENÇÃO

Com a turma, você pode brincar de pular o riacho.

Com sua equipe, pode descobrir a solução para limpar o riacho.

Depois, pode escolher o material para representar o riacho limpo. Faça da forma que quiser: com desenho, pintura, colagem, maquete etc.

CHARADA

Cinco crianças comem 5 frutas em 5 minutos.

Em quanto tempo 50 crianças comerão 50 frutas?

PARA CONVERSAR COM QUEM VOCÊ AMA

Você já participou de alguma ação conjunta para mudar algo que não estava bom?

JÁ PENSOU SE FOSSE ASSIM?

QUE SERÁ DE MIM?

Eu só tenho este mundo
Pra morar, pra crescer
Se eu não cuido deste mundo
Onde é que vou viver?

Se eu não cuido da água
Que será do peixinho?
Que será de mim, que será de mim?
Se eu não cuido da água
Que será de mim?

Se eu não cuido da terra
Que será da plantinha?
Que será de mim?
Que será de mim?
Se eu não cuido da terra
Que será de mim?

Se eu não cuido do ar
Que será da avezinha?
Que será de mim?
Que será de mim?
Se eu não cuido do ar
Que será de mim?

Preservar a natureza
É reconhecer o valor da vida
Preservar a natureza
É retribuir o amor de Deus

Maria Sardenberg. CD *Tra-la-lá*. Paulinas/COMEP, 2001.

2.4. Personagens do espaço

OBJETIVO

Tomar consciência da capacidade de criar com a imaginação. Preparar-se, assim, para experimentar a linguagem simbólica e poética, própria da cultura religiosa.

MATERIAL

Folha grande de papel pardo (ou outro) para cada equipe. Tintas coloridas.

HISTÓRIA ESPACIAL

Legal é deitar no quintal de barriga para cima. Olhar para o céu e ver as nuvens brancas que passam. Ver o formato delas e imaginar personagens de histórias.

Sabe como descobri essa técnica espacial? Eu estava no quarto, divertindo-me com o videogame. Então, entrou Zezé, uma pessoa que eu amo de verdade. Ela cuida de mim desde que nasci. Não é minha mãe, nem minha avó, nem minha tia, mas eu sei que ela também me ama. A idade dela é igual ao resultado da minha vezes oito. Penso que é por isso que nos entendemos tão bem. Ela sabe tudo de mim e do mundo!

Quando ela entrou no quarto, eu perguntei: "Zezé, com que você se divertia quando tinha minha idade?". Ela riu e respondeu: "Isso faz muito tempo. Os brinquedos eram diferentes. Mas algo continua igual, venha cá". Pegou um tapete e me levou ao quintal. Deitamos nele e ficamos olhando o céu. Ela apontou para as nuvens brancas e, de repente, apareceram no céu dezenas de personagens, para nós inventarmos histórias.

Ler o texto inicial e comentar.

Pedir às crianças que contem se já observaram as formas das nuvens brancas.

Depois, deixar que falem dos personagens preferidos da televisão.

Explicar que os desenhos animados retratam a imaginação de quem os cria, e que toda pessoa tem capacidade de imaginar e criar.

A seguir, organizar equipes e pedir a cada uma que espalhe pequenas porções de tintas coloridas sobre uma folha grande de papel. Depois de espalhadas as tintas, o papel deve ser dobrado várias vezes e em seguida desdobrado. Pedir então a cada criança que descreva para os colegas da equipe todas as figuras que imaginam ver nas formas e cores misturadas.

Após terem construído e interpretado as formas, concluir enfatizando que a imaginação é uma capacidade que nos faz ver tudo e comunicar o que vemos por meio da linguagem simbólica.

Posteriormente, executar a sugestão do item *Invenção*, seguindo as instruções da ilustração para a construção de um paraquedas.

COMUNICAÇÃO

Quais são suas personagens de televisão preferidas?

Você já notou que as formas das nuvens podem se parecer com personagens de histórias?

Com sua equipe, você pode pingar tintas de várias cores em um papel. Pode dobrar o papel e, depois, abri-lo. A tinta terá formado belas imagens.

Você pode conversar a respeito do que as imagens se parecem e a equipe pode dar um título para a obra de arte.

INVENÇÃO

Que tal construir um paraquedas?

Só não é aconselhável prender nele seu animal de estimação!

CHARADA

Como tirar 1 de 14 e obter 15?

Em sua religião são contadas histórias?

Quais os personagens principais dessas histórias?

JÁ PENSOU SE FOSSE ASSIM?

NUVENS DE ALGODÃO

Olha lá no céu
Nuvens de algodão
Agora é só brincar
Com a imaginação

Viajar num lindo barquinho
No universo deslizar
Descobrir um carneirinho
Que parece até voar

Neste mundo tão bonito
Todos poderão sonhar
Basta olhar o infinito
E deixar o azul te levar

E manter a esperança
No coração
Crer neste mundo criança
Onde todos são irmãos
Saber que a roda da vida
Sempre vai girar
Cada chegada ou partida
É sempre um jeito novo de recomeçar

Dirley. CD *Mundo melhor.* Paulinas/COMEP, 1998.

UNIDADE 3

O olhar
do coração

Objetivo Sentir-se participante de uma cultura em que existem sinais e símbolos. Desenvolver a capacidade de comunicação pela linguagem simbólica e poética, própria das religiões.

3.1. A noite da passagem

OBJETIVO

Refletir acerca da existência de símbolos que representam valores universais.

A NOITE DA PASSAGEM DE ANO

A passagem de ano, em minha casa, é uma reunião familiar. Assistimos à comemoração em várias cidades do Brasil pela TV. Vemos os fogos de artifício e a multidão de roupa branca. Acompanhamos a contagem regressiva. Desejamos felicidade e paz para as pessoas no ano que se inicia e fazemos uma prece.

Toda a minha família veste branco na noite da passagem. É um símbolo de paz. Depois, durante o ano, quando brigo com minha irmã, mamãe nos faz lembrar: "Vocês não vestiram branco na passagem do ano?".

Mas tudo sempre acaba em paz, porque briga de irmãos, no fundo, também não passa de um sinal de amor.

Ler e comentar o texto inicial. Deixar as crianças criarem e reproduzirem sons e movimentos da noite da passagem de ano. Por exemplo, o som de soltar fogos de artifício, a contagem regressiva para a meia-noite, o "tim-tim" dos copos etc.

Explicar a diferença:

- Sinal – faz parte da realidade. Por exemplo: a cor vermelha é sinal de que a maçã está madura. O vermelho, portanto, é um sinal de uma realidade.

- Símbolo – não faz parte da realidade. Por exemplo: a paz não tem cor, mas o branco é símbolo da paz.

- Símbolo e sinal – alguns sinais são usados também como símbolos. Por exemplo: um aperto de mão ou um presente são sinais e também símbolos de amizade.

Pedir às crianças que identifiquem outros sinais e símbolos que conhecem.

A seguir, executar a sugestão do item *Invenção*: organizar equipes e pedir que escolham um símbolo ou sinal que conhecem, como o coração (símbolo do amor), a pomba branca (símbolo da paz) etc. Deixar que a equipe represente seu símbolo como quiser, com o material disponível.

COMUNICAÇÃO

Usar roupa branca na passagem de ano é um símbolo de paz.

Quais outros símbolos você conhece?

INVENÇÃO

Você pode criar um símbolo como este ou outro que preferir.

Pode desenhar, pintar, fazer colagem ou inventar algo com sucata.

CHARADA

Esta não tem resposta: carro sem para-choque leva choque?

Agora é a sua vez: invente outras charadas sem resposta.

PARA CONVERSAR COM QUEM VOCÊ AMA

Conte o que você descobriu a respeito de símbolos e sinais.

JÁ PENSOU SE FOSSE ASSIM?

POMBINHA DA PAZ

O dilúvio parou
O sol brilhou
E da Arca de Noé
Uma pombinha voou

O arco-íris no céu apareceu
Sinal da aliança que então aconteceu

E pra Arca de Noé
A pombinha voltou
Com um raminho de oliveira
Verde esperança de amor

Pombinha branca
Mensageira da paz
Entre Deus e os homens
Entre a terra e o céu

Maria Sardenberg. CD *A voz dos pequeninos*.
Paulinas/COMEP, 1997.

3.2. Acende a fogueira no meu coração

OBJETIVO

Compreender a linguagem poética e simbólica, como característica marcante da cultura brasileira, do folclore e da religiosidade.

MATERIAL

O que houver disponível para desenho, colagem, pintura ou construção com sucata.

SÃO JOÃO, SÃO JOÃO, ACENDE A FOGUEIRA NO MEU CORAÇÃO

A cultura brasileira tem símbolos e linguagem simbólica. Às vezes, nos expressamos de uma forma, mas queremos dizer algo diferente. Isso significa que nem tudo pode ser dito com palavras exatas. Então, usamos as comparações para expressar o que queremos dizer.

É o caso de "acende a fogueira no meu coração". Não nos referimos a um fogo material, feito com gás ou lenha. Esta é uma linguagem simbólica.

Ler e comentar o texto inicial. Deixar as crianças criarem os sons e movimentos.

Pedir que recordem características da festa junina na região e reproduzam sons e movimentos da festa. Por exemplo: passos da quadrilha, som da fogueira, movimento do fogo.

Verificar se já viram uma fogueira. Caso não seja conhecida a não ser por ilustrações ou pela TV, explicar que antigamente a fogueira era o centro das festas juninas e na zona rural ainda continua sendo.

Mostrar que as religiões também usam símbolos, como, por exemplo, o fogo.

Explicar a linguagem simbólica, que usa imagens para comunicar aquilo que as palavras não explicam, por exemplo: "Acende a fogueira no meu coração".

Pedir que recordem outras expressões simbólicas conhecidas, por exemplo: "Mamãe é meu tesouro".

A seguir, executar a proposta do item *Invenção*: deixar que cada criança crie, com o material que desejar, uma imagem que lembre as festas juninas, menos o balão.

Sugerir que, em casa, preparem a receita do livro.

COMUNICAÇÃO

O que quer dizer "acender uma fogueira no coração"?

O que significa a linguagem simbólica?

Você conhece alguma religião em que o fogo é usado como símbolo?

INVENÇÃO

Que tal experimentar uma receita com gosto de festa junina?

FRAPÊ ROSINHA

INGREDIENTES:

- 4 copos de leite gelado;
- 5 colheres de sopa de achocolatado em pó sabor morango ou groselha;

- 1 vidro pequeno de leite de coco;
- açúcar a gosto.

MODO DE FAZER:

Bater tudo no liquidificador e servir gelado.

CHARADA

Como esconder um elefante em uma moita de morangos?

PARA CONVERSAR COM QUEM VOCÊ AMA

Para você, o que quer dizer: "Acende a fogueira no meu coração?".

JÁ PENSOU SE FOSSE ASSIM?

MANTER A TRADIÇÃO

Mês de junho chegou
É pra manter a tradição
A fogueira acesa
Vai haver festança
Em louvor de São João

Santo Antônio e São Pedro
Também vamos festejar
Na ilha dos sonhos
Tem um lindo arraial

Vou pular fogueira
Fazer adivinhação
Preservar a cultura
É manter a tradição

João Collares. CD *Festança no "arraiá".*
Paulinas/COMEP, 1998.

3.3. O armário da História

OBJETIVO

Refletir acerca de tudo que não é possível explicar só com palavras. Descobrir que existem símbolos universais, usados por todas as religiões.

MATERIAL

Canudinhos de refrigerante. Um recipiente grande (bacia) com água e sabão em pó ou detergente.

O MUNDO TODO NO ARMÁRIO

A mãe de minha melhor amiga é professora de História. Ela tem em casa um armário de vidro. Dentro dele há centenas de objetos de vários formatos, tamanhos e cores. Eles representam várias épocas e lugares do mundo.

Um dia, estávamos admirando aquelas lindas obras de arte quando a mãe da minha amiga chegou. Então começamos a pedir explicações do significado de alguns objetos. Ela nos fez ver que no mundo inteiro as pessoas usam símbolos. Eles representam aquilo que não pode ser comunicado só com palavras.

Alguns símbolos são usados por religiões do mundo todo:

SOL
símbolo de Deus Criador

ÁRVORE
símbolo do ser humano

CHAMA DE FOGO
símbolo da luz de Deus

ÁGUA
símbolo da vida
de todos os seres

Ler o texto e pedir às crianças que lembrem de objetos que são importantes para elas e que colocariam no armário de sua história pessoal. Por exemplo: a última chupeta que usaram, o brinquedo mais estimado, a foto de uma pessoa querida, o papel de uma bala ou doce que ganharam de alguém que as ama etc.

Após o diálogo, enfatizar que nas religiões existem objetos simbólicos e símbolos importantes, que lembram realidades difíceis de explicar com palavras. Por exemplo: a água, o fogo, a árvore, a luz.

A seguir, executar a sugestão do item *Invenção*: expor o recipiente com água e sabão em um lugar bem iluminado pelo sol. Pedir às crianças que coloquem uma ponta do canudinho no fundo e soprem a outra. As bolhas formadas repetirão a luz e as cores do arco-íris.

Depois de todas as crianças terem soprado, concluir explicando que os símbolos nos fazem ver e compreender o que não se pode explicar só com palavras, da mesma forma como as bolhas de sabão permitem ver as cores que existem na luz, mas fora das bolhas ficam invisíveis.

COMUNICAÇÃO

Você leu no texto anterior que a professora de História guardava objetos em seu armário. Imagine que você tem um armário para guardar a história de sua vida. O que colocaria nele?

INVENÇÃO

Que tal fazer bolhas de sabão e ver as cores da luz refletidas nelas?

Você pode usar um canudinho de refrigerante e um pouco de sabão em pó dissolvido em água. Depois é só soprar.

CHARADA

O que é, o que é? O que você faz sem querer quando se expõe ao Sol?

PARA CONVERSAR COM QUEM VOCÊ AMA

Para você, qual o significado sagrado da luz?

E o da água?

Por quê?

JÁ PENSOU SE FOSSE ASSIM?

NÓS SOMOS ARTISTAS

Nós somos artistas e vamos pintar

Este mundo com muita ternura

Espalhar alegria... derramar muito amor

Pois nossas mãos sabem fazer

Gente feliz sorrir

A flor cantar

Peixe no mar

E um céu azul pro Sol morar

Zélia Patrício. CD *A bonita arte de Deus*. v. 2.
Paulinas/COMEP, 1996.

3.4. O segredo do livro

OBJETIVO

Identificar os principais símbolos que caracterizam as tradições religiosas e compreender a função de cada uma delas como caminhos que levam ao encontro de Deus.

MATERIAL

Ilustrações de revistas, jornais ou livros, que mostrem cenas, ambientes, pessoas ou objetos que pertençam a diversas tradições religiosas. Se possível, mostrar também algum objeto real. Caso seja difícil obter esse material, usar as ilustrações do próprio livro da criança.

A PESQUISA

Nossa escola é grande: tem três turmas do terceiro ano.

No mês passado as professoras organizaram uma pesquisa conjunta. O tema foi: "A amizade entre as religiões".

A tarefa de nossa turma era descobrir os principais símbolos de cada tradição religiosa. As outras duas turmas se esforçaram para encontrar material. Mas nós concluímos a pesquisa rapidamente. Tínhamos um segredo: o livro que a avó de uma colega nos emprestou.

No livro havia os principais símbolos, vestes, lugares sagrados e ritos das religiões. Nós, assim, entendemos ainda mais aquilo que já conhecíamos pela TV, por revistas e por filmes. Conhecemos também os significados sagrados que as tradições religiosas encontram em seus símbolos.

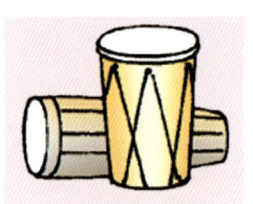

ATABAQUE
símbolo das
religiões africanas

CHOCALHO
símbolo das
religiões indígenas

CANDELABRO
símbolo da
religião Judaica

YING-YANG
símbolo da
religião Taoísta

LUA CRESCENTE
símbolo da
religião Islâmica

BÍBLIA
símbolo de todas
as Igrejas Cristãs

PORTAL
símbolo da
religião Budista

Explicar que cada um dos objetos simboliza o desejo que as pessoas têm de se sentirem próximas de Deus e de viver da forma como as religiões ensinam.

Enfatizar que pessoas de religiões diferentes podem ser amigas, sem nenhuma delas precisar combater a crença da outra, porque todas as religiões procuram o caminho para Deus. A diferença é que em cada uma delas é dado a Deus o nome que pensam ser o mais adequado.

Pedir às crianças que falem de suas religiões e de como costumam se dirigir a Deus.

Deixar que opinem acerca do respeito mútuo e da amizade entre pessoas de religiões diferentes.

Concluir acentuando o valor e a importância de se conhecer e respeitar a religião de cada colega e de aprender, umas com as outras, o que há de bom em cada religião.

A seguir, executar a sugestão do item *Invenção*: pedir a cada criança que formule e escreva uma prece a Deus, chamando-o pelo nome dado na religião por ela praticada. Na prece, pode-se fazer pedidos ou agradecer, por exemplo, por ter colegas e conviver com pessoas de outras religiões. Após todas terem escrito, cada uma pode ler sua prece para a classe.

COMUNICAÇÃO

Os símbolos mostram como as pessoas em cada religião procuram se aproximar de Deus.

As religiões são caminhos para Deus.

Elas não têm motivo algum para serem inimigas umas das outras. Por isso é preciso superar os preconceitos e rivalidades e aprender muito com a diversidade.

Podemos ter amizade com pessoas de religiões diferentes da nossa.

INVENÇÃO

Você pode pensar na religião de sua família.

Se sua família não tem religião, pense em uma que você conhece.

Pense no modo como as preces são feitas nessa religião.

Depois, você pode escrever uma prece, como se estivesse conversando com Deus.

Pode agradecer por ter colegas de outras religiões e pedir a proteção de Deus para todos.

CHARADA

O que é, o que é? O cachorro que não morde ninguém, mas é mordido por todos?

PARA CONVERSAR COM QUEM VOCÊ AMA

Quais os símbolos mais usados em sua religião? Qual o significado deles?

JÁ PENSOU SE FOSSE ASSIM?

ORAÇÃO DA CRIANÇA*

Querido Deus, gosto muito de você
Gosto de meu pai, de minha mãe
De meus familiares
E de todos os meus amigos

Deus, obrigado pelos brinquedos
Pela escola, pelas flores
Pelos bichinhos e por todas as coisas
Boas e bonitas que você fez

Quero que todas as crianças
O conheçam e gostem de você
Obrigado, Deus,
porque você é muito bom

Maria Inês Carniato. *Oração da criança.*
São Paulo, Paulinas, 2001.

---

* Esta *Oração da criança* não tem melodia, portanto não consta no CD.

UNIDADE 4

A morada dos sábios

Objetivo Compreender a forma de expressão das religiões: pela linguagem simbólica e poética. Exercitar a capacidade de expressar-se nessa linguagem. Identificar os símbolos das principais tradições religiosas da humanidade.

4.1. Os olhos do coração

OBJETIVO

Compreender a experiência e a linguagem humanas como fundamentos do símbolo, sinal da procura por Deus.

MATERIAL

O disponível para criar símbolos, com desenho, colagem, pintura, sucata etc. Pequenos papéis com o nome de cada uma das crianças.

A GALERIA DE ARTES

Minha turma foi visitar uma galeria de artes. Havia muitas pinturas e esculturas bonitas. O que eu achei mais legal foram as formas e cores. Os artistas comunicam valores, ações e momentos importantes da vida por meio delas.

Depois da visita, conversamos na sala. Esta foi nossa conclusão: a arte representa a imaginação e os sentimentos. É preciso olhar para a arte e também para as pessoas com os olhos do coração.

Ler e comentar o texto inicial.

Deixar que as crianças expressem o que entendem por ter sabedoria, ou ser sábio.

Explicar o que significa a linguagem simbólica. "Ver com os olhos do coração" é deixar que a realidade toque a imaginário e o sentimento, e descobrir o que ela comunica além da própria aparência.

Escrever no quadro os nomes de todas as crianças.

Pedir à classe que lembre de uma qualidade de cada colega e anotar ao lado do nome.

A seguir, executar a sugestão do item *Invenção*: distribuir os nomes por sorteio e pedir a cada criança que imagine um símbolo que represente a pessoa que recebeu, baseando-se na qualidade mencionada. Colocar o material à disposição, para que sejam criados os símbolos. Pedir que apresentem o símbolo e o entreguem para a pessoa que ele representa.

COMUNICAÇÃO

O que significa ver as pessoas com os olhos do coração?

INVENÇÃO

As religiões usam a linguagem do coração. Por isso, elas têm símbolos.

Você pode descobrir, com os olhos do coração, uma qualidade de cada colega da classe.

As qualidades serão escritas no quadro, ao lado de cada nome. Depois os nomes serão sorteados.

Você pode escolher o material e fazer um símbolo que represente a pessoa que você recebeu.

Por fim, pode apresentar o símbolo para a turma. Depois, oferecê-lo à pessoa que ele representa.

CHARADA

A cachorra Lessie tem uma ninhada de filhotes.

Cada filhote fêmea tem o mesmo número de irmãos e irmãs.

Cada filhote macho tem duas irmãs.

Qual o total da ninhada?

PARA CONVERSAR COM QUEM VOCÊ AMA

Você tem algum objeto que é símbolo de algo importante em sua vida?

JÁ PENSOU SE FOSSE ASSIM?

UM MUNDO FELIZ

Deus espalhou no céu muito espaço
E com o seu pincel pintou o amor

Te fez de ternura
Te deu luz e cor
Pra ti inventou
Um mundo feliz

Aqui no meu papel eu sou o espaço
Venha com seu pincel criar o amor

Ser mais esperança
Soltar o amor
Criar, inventar
Um mundo feliz

Zélia Patrício. CD *A bonita arte de Deus*. v. 2.
Paulinas/COMEP, 1996.

4.2. A sociedade da esfera

OBJETIVO

Entender e exercitar o uso do símbolo, como forma de comunicar sentimentos, experiências e crenças.

MATERIAL

Uma bola de qualquer material e tamanho. Recortes de gravuras e títulos de revistas e jornais, sobre as mais variadas realidades da sociedade atual. Papel pardo ou outro, para fazer um painel na parede. Cola ou fita adesiva.

O DIREITO DE VER E PENSAR

Em nossa sala de aula, fundamos a "Sociedade da Esfera". É um símbolo para nós. Ela tem a forma do globo terrestre. Quando a pegamos, é como se o mundo inteiro estivesse em nossas mãos.

Quando a esfera está na mão de alguém, ela simboliza a sabedoria. É o direito que a pessoa tem de dar sua opinião e ser escutada com respeito.

Toda pessoa tem capacidade de refletir sobre os conhecimentos e compreendê-los. Mas isso requer também respeito e atenção de quem a ouve. A esfera nos ajuda a seguir as regras de respeito que nós mesmos criamos. Desse modo, as conversas na sala são superlegais e todos crescem no conhecimento.

Ler e comentar o texto inicial.

Montar, em mutirão, um painel redondo, em forma de globo terrestre, recoberto de gravuras e títulos de revistas e jornais.

Depois de pronto, deixar que as crianças o observem e o leiam em silêncio.

A seguir, executar a sugestão do item *Invenção*: pedir a cada criança para formular uma sugestão de sabedoria, para o mundo ser melhor. Formar um círculo e deixar a esfera (a bola) passar de mão em mão. Quem estiver de posse dela terá direito de dar seu conselho ao mundo.

COMUNICAÇÃO

Vamos recortar gravuras e frases de jornais para montar nosso painel.

Depois de pronto, você pode observar o que existe no mundo atual e também pode conversar a respeito dos sinais que você vê.

INVENÇÃO

Com a turma, você pode brincar de "Sociedade da Esfera".

Quando você pegar a esfera da sabedoria, pode dar seu sábio conselho ao mundo.

PARA CONVERSAR COM QUEM VOCÊ AMA

O que você deseja assumir como compromisso para melhorar o mundo?

JÁ PENSOU SE FOSSE ASSIM?

PLANETA TERRA

Coração, me dê a mão
Vamos juntos viajar
Com a imaginação
Até um bom lugar

Um lugar para se cuidar
Com carinho e muito amor
Mil belezas para se achar
Por onde a gente for

A luz de uma estrela vai dizer
Que para ser feliz
É só ter fé
Olhar para o céu e crer

Onde estamos é o lugar
Mais bonito para viver
O planeta Terra
A linda bola azul de Deus

Onde estamos é o lugar
Mais bonito para viver
Vem cuidar comigo
Da nossa Terra

Se você quiser saber
Onde fica esse lugar
Fica dentro de você
É só imaginar

Mas se alguém quiser também
Ver um mundo assim real
Tem que só pensar no bem
E esquecer o mal

Demian. CD *Fofão, o coco do coqueiro*. Paulinas/COMEP, 1998.

4.3. A gruta do sábio

OBJETIVO

Experimentar a capacidade de criar com base na imaginação e na linguagem simbólica. Perceber que é possível refletir simbolicamente acerca da vida e tomar atitudes que a tornem melhor

MATERIAL

Uma folha grande de papel pardo. O que houver disponível para desenho, pintura, colagem ou maquete de uma gruta.

A SURPRESA DA MONTANHA

Há muito tempo, em um lugar distante, havia uma montanha muito alta.

Quem tivesse a coragem de enfrentar a escalada, tinha uma surpresa ao chegar lá em cima. Um velho sábio vinha convidar o alpinista a descansar em sua gruta. Oferecia-lhe alimento, o calor da fogueira e preparava-lhe um lugar para o repouso.

Alguns ficavam encantados com a surpresa. Passavam vários dias em companhia do sábio. Outros queriam ficar ali para sempre. Mas ele dizia que deviam descer. Precisavam ensinar a outras pessoas o que haviam aprendido.

Ler e comentar o texto inicial.

Pedir a toda a classe que, em mutirão, desenhe o cenário da montanha e da gruta do sábio. Se não for possível colar papel pardo na parede, o desenho coletivo poderá ser feito no quadro.

A seguir, executar a sugestão do item *Invenção*: dar um tempo para que cada criança contemple o desenho e imagine o interior da gruta e a aparência do sábio. Pedir, então, a cada uma delas que imagine estar entrando na gruta e sendo recebida pelo sábio, com gentileza e bondade. Propor que cada uma delas responda por escrito à pergunta: "Se eu encontrasse o sábio, o que lhe contaria de mais importante sobre minha vida?".

Concluir enfatizando a necessidade que temos de pensar acerca de nossa vida, e o quanto a linguagem simbólica nos ajuda.

COMUNICAÇÃO

O que significa ter sabedoria?

Como se pode reconhecer que uma pessoa é sábia?

INVENÇÃO

Você pode desenhar como imagina a montanha e a gruta.

Com a imaginação, pode entrar na gruta e ver o sábio.

Pode imaginar o que o sábio fez quando você chegou.

CHARADA

Esta não tem resposta...

Ponto de ônibus, ponto de partida, ponto de bordado, ponto de explodir...

Que tipo de ponto se aumenta num conto?

Você frequenta uma comunidade de alguma religião?

O que significa ser sábio na sua tradição religiosa?

O que significa ser sábio para você?

JÁ PENSOU SE FOSSE ASSIM?

CAMINHOS DE PAZ

Quero a liberdade de andar, de correr

Quero ter sorriso e ter paz no coração

Quero ter alguém que me ajude a crescer

Quero caminhar segurando a sua mão

Quero pisar um caminho de paz

Que com saudades se deixa pra trás

Quero que as flores me vejam crescer

Quero este amor que me ajude a viver

Quero meu vizinho comigo a brincar

Quero meu quintal sem muralha e sem portão

Quero os meus amigos comigo a estudar

Quero ver crianças cantando uma canção

Quero ver meus pais em momentos de amor

Quero ter irmãos, quero ter recordação

Quero ter saudades do meu professor

Quero pela vida entender sua lição

José Acácio Santana. CD *Sementinha*. v. 4.
Paulinas/COMEP, 2000.

4.4. O carregador de cestos

OBJETIVO

Compreender que as pessoas que amam a vida, e procuram conviver em harmonia com tudo que há de bom no meio ambiente e com quem as rodeia, entendem a comunicação simbólica e poética.

MATERIAL

Folhas de jornal, revista ou outro papel fácil de enrolar, cola, material de colagem, pintura e desenho.

OS CESTOS DA SABEDORIA

Muitos anos atrás, não havia meios de transporte como hoje. Quase tudo era carregado em cestos.

Você conhece um cesto? Até hoje eles são usados. Podem ser feitos de bambu, de vime, de cipó, de junco, de sisal e de muitos outros materiais.

Os budistas consideram que o ensinamento de Buda é como cestos cheios de sabedoria. A pessoa que tem sabedoria sabe fazer os outros felizes. É como se essa pessoa levasse cestos cheios de tudo o que é bom para compartilhar com todos os que se aproximam dela.

Comentar o texto e enfatizar o valor de cada pessoa e a capacidade que todos têm de pensar e viver com sabedoria.

Explicar a função da linguagem poética: expressar-se com sabedoria, por meio de imagens e símbolos.

A seguir, executar a sugestão do item *Invenção*: propor à turma a construção de um cesto de jornal. Depois de pronto, reunir equipes, para que cada uma converse e escreva tudo de bom que pode preencher o cesto da sabedoria. Por exemplo: amizade, respeito às diferenças, ajuda, paz, diálogo, alimento. Pedir às equipes que apresentem o que escreveram.

Concluir que a sabedoria é a capacidade de compartilhar com os outros o que temos de melhor.

COMUNICAÇÃO

Você pode pensar em tudo o que tem para oferecer às pessoas: amizade, companhia, ajuda, conhecimentos.

Pode inventar um termo que explique aquilo que você tem de mais legal. Por exemplo: Gabriel, o amigo da natureza; Júlia, a que gosta de ajudar; Luísa, a boa companheira.

Pode apresentar-se para a turma e explicar o motivo de seu título.

INVENÇÃO

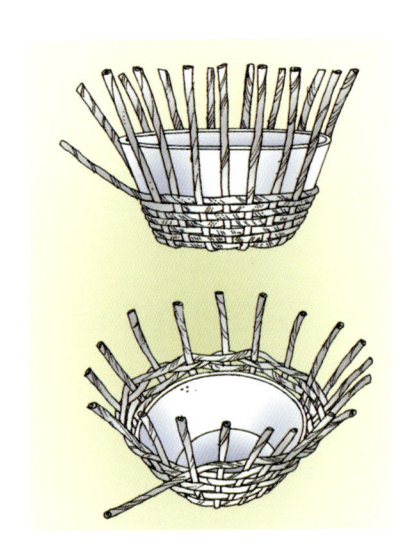

Você pode fazer cestos de jornal enrolado.

Comece fazendo canudinhos de jornal.

Depois entrelace-os bem apertadinhos ao redor de uma vasilha redonda.

Quando o cesto estiver na altura desejada, retire a vasilha.

Passe cola nas pontas que sobraram, dobre para dentro e passe por debaixo da parte já entrelaçada.

Pinte de marrom, para se assemelhar a um cesto de vime.

CHARADA

O que é, o que é? Nasce e cresce com as raízes para cima?

PARA CONVERSAR COM QUEM VOCÊ AMA

Imagine que você tem um cesto repleto de tudo aquilo que faz as pessoas felizes. A quem você quer distribuí-lo?

JÁ PENSOU SE FOSSE ASSIM?

MEU SORRISO NÃO É SÓ MEU

Meu sorriso não é só meu
Foi Deus quem me deu
Este sorriso que não é só meu

O que eu tenho de bom
É pra dar aos meus irmãos

Meu brinquedo não é só meu
Foi Deus quem me deu
Este brinquedo que não é só meu

Meu alimento não é só meu
Foi Deus quem me deu
Este alimento que não é só meu

Meu dinheiro não é só meu
Foi Deus quem me deu
Este dinheiro que não é só meu

Pe. Zezinho. CD *Lá na terra do contrário / Deus é bonito.*
Paulinas/COMEP, 1985.

Avaliação periódica

ASPECTOS A SEREM AVALIADOS

- A participação de cada criança.
- As atitudes que cada uma delas conseguiu viver durante o ano.
- Se o livro ajudou ou dificultou as aulas.
- Quais as atividades que mais agradaram.
- Quais as que não funcionaram bem, e por quê.
- Se houve momentos de desinteresse, desordem, confusão, e quais foram os motivos.
- O que precisa ser modificado.
- O que pode continuar como está.
- Quais as sugestões de mudanças.
- Como cada criança se sentiu no grupo.
- Como foi a participação dos familiares.
- Fazer uma síntese escrita dos principais pontos dialogados.

Respostas das charadas

Página **18**
A criança pesa 15 quilos.

Página **21**
O fogo.

Página **24**
O automóvel pega para correr e o cachorro corre para pegar.

Página **27**
O fogo.

Página **32**
O rabo do cavalo.

Página **35**
curso – "c" = urso

Página **38**
Em 5 minutos, pois é o tempo que cada criança precisa para comer sua fruta.

Página **40**
Escrever em algarismos romanos: XIV – I = XV.

Página **49**
Pintando as unhas dele de vermelho.

Página **52**
Sombra.

Página **55**
O cachorro-quente.

Página **60**
Três filhotes: duas fêmeas e um macho.

Página **69**
Os dentes superiores.

Sumário